Alfred de Vigny

Mlle Sédaine et la propriété littéraire

Essai

 Le code de la propriété intellectuelle du 1er juillet 1992 interdit en effet expressément la photocopie à usage collectif sans autorisation des ayants droit. Or, cette pratique s'est généralisée dans les établissements d'enseignement supérieur, provoquant une baisse brutale des achats de livres et de revues, au point que la possibilité même pour les auteurs de créer des œuvres nouvelles et de les faire éditer correctement est aujourd'hui menacée. En application de la loi du 11 mars 1957, il est interdit de reproduire intégralement ou partiellement le présent ouvrage, sur quelque support que ce soit, sans autorisation de l'Éditeur ou du Centre Français d'Exploitation du Droit de Copie , 20, rue Grands Augustins, 75006 Paris.

ISBN : 978-1985292321

10 9 8 7 6 5 4 3 2 1

Alfred de Vigny

Mlle Sédaine et la propriété littéraire

Essai

Table de Matières

I. POSITION DE LA FILLE D'UN ECRIVAIN CÉLÈBRE. 6

II. DES TRAVAUX ET DE LA VIE DE SÉDAINE. 8

III. DE LA DIGNITÉ DES HOMMES DE LETTRES DE NOTRE TEMPS, ET DU SENTIMENT QUI A DICTE LA LOI. 29

IV. LA LOI. 34

V. DU MOT CARRIÈRE DES LETTRES. 37

Lettre à Messieurs les Députés

I. POSITION DE LA FILLE D'UN ECRIVAIN CÉLÈBRE.

Ceci n'est point un roman, c'est une histoire d'hier, d'aujourd'hui et assurément de demain. C'est de cela qu'il faut gémir, et c'est pour que ce ne soit pas celle de demain et de l'avenir que je la raconte ici. Je désire qu'elle tombe entre les mains des députés, et, parmi eux, de ces hommes qui sentent l'importance de la question vers laquelle ce récit doit nous conduire.

La presse est une tribune qui convient à ceux qui aiment la solitude. Elle suffit au peu de choses que je dis, et, quelque droit que j'en puisse avoir, de longtemps je n'en chercherai une autre, car je ne suis qu'un étudiant perpétuel. — Je veux donc vous écrire, messieurs, ce que j'aurais aimé peut-être à vous dire. Il sied mieux d'ailleurs que ces idées ne paraissent pas autrement qu'elles ne vont être présentées ici. Chacun de vous a le temps aujourd'hui de se recueillir un moment pour y penser. A présent les grandes questions qui nous passionnent ont été agitées, sinon résolues, et les parlements se taisent sur elles. Est-ce le silence qui suit un orage ou celui qui en précède un autre ? Je ne sais, mais enfin on se tait. Vous avez cru le vaisseau politique emporté par les courants sur les écueils et vous avez viré de bord ; à présent, il faut relever le pavillon On s'en occupe, dit-on, et après tout la toge de la France n'a encore secoué ni la paix ni la guerre. On dit qu'enfin on pourra terminer aux chambres cette loi depuis assez longtemps projetée sur l'héritage de la propriété littéraire. Cette grave question, il faut l'avouer, n'a jamais été qu'ébauchée et traitée avec une sorte de légèreté, parce qu'elle est réputée facile, parce que ceux qui la connaissaient le mieux n'en ont pas dit assez jusqu'ici, et il est à craindre encore qu'au lieu de résoudre le problème de la propriété et de l'héritage, on ne se contente de prolonger de quelques années une mauvaise coutume.

Je me serais reproché d'envelopper dans les détours d'une invention cette histoire qui condamne si bien l'une des imperfections de nos lois. Aucun argument n'a la force d'un fait pareil à celui que j'ai à dire, et il faut dépouiller l'art quelquefois quand le vrai douloureux, le vrai tout éploré, se présente à nous comme un reproche vivant. C'est alors qu'il faut le montrer seul et nu aux indifférents pour les émouvoir. Montrons-le surtout dans ces moments décisifs où l'on va poser la pierre d'une loi incomplète, et quand il y a danger public, danger d'erreur.

Voici donc ce que j'avais à raconter :

— Un matin, il y a peu de temps, est entrée chez moi une personne âgée et inconnue qui voulait me parler et m'entendre, m'entrevoir, si elle le pouvait encore un peu tenter. J'allai vite au-devant d'elle, effrayé de lui voir chercher à tâtons le fauteuil que je lui offrais et dans lequel je l'aidai à s'asseoir. Je considérai longtemps avec attendrissement une femme d'un aspect distingué, de nobles manières, et dont la physionomie vive, spirituelle, et le langage poli, avaient la gaieté pénible des aveugles, ce sourire forcé que n'accompagne plus le regard. C'était Mlle Sédaine, la fille du poète, de celui dont on joue sans cesse et dont nous écoutons avec délices les drames toujours nouveaux. On venait de lui lire un livre où je parlais de son père, et elle avait pensé que celui qui était si touché de ce souvenir le serait de sa présence. Elle ne s'était pas trompée ; l'impression en fut profonde, comme mon étonnement de son récit. Elle a maintenant soixante-quatorze ans. Sédaine n'avait laissé à sa mère et à elle qu'un seul héritage, dit-elle, celui de ses *droits d'auteur*. Ces droits, *selon la loi*, expirèrent dix ans après lui. L'Empereur sut cette situation, en fut touché, et douze cents francs de pension vinrent remplacer un revenu qui devait être au moins de douze mille francs annuels, à voir combien de fois alors on représentait les nombreux ouvrages de l'auteur du *Philosophe sans le savoir*. Mais enfin *c'était du pain*. Le vin y fut ajouté par le roi Louis XVIII, qui donna cinq cents francs d'augmentation. La mère et la fille s'en trouvaient heureuses. Elles pouvaient quelquefois venir considérer les représentations de leurs pièces chéries (nées près de leur foyer) dans un coin de ces salles dont le luxe, trop stérile pour, était alimenté par les œuvres de Sédaine. Mais bientôt la veuve suivit son mari et laissa seule Mlle Sédaine, qui jamais n'avait voulu quitter ce nom sacré pour elle, et qui vit un ministre rayer, par fantaisie, en jouant avec sa plume, les douze cents francs qu'on lui avait conservés ; et les réduire à neuf cents... Il y a de cela plus de onze années. Depuis ce temps, elle n'a cessé de demander

I. POSITION DE LA FILLE D'UN ECRIVAIN CÉLÈBRE.

la restitution de cette précieuse rente, donnée par le conquérant absolu, mais on n'écoute pas sa voix tremblante. Rien ne lui est venu que les années, que les douleurs, que la cécité. Une première opération de la cataracte ne lui a pas rendu la vue, mais l'a presque entièrement ruinée ; la seconde serait trop dispendieuse pour elle. Un de ses yeux est perdu, un nuage s'épaissit sur l'autre ; elle le sent et le laisse se former, parce qu'une opération serait douteuse peut-être et à coup sûr la laisserait plus pauvre encore pour plusieurs années. Voilà tout. Vous le voyez, je l'ai promis, l'histoire est courte, et, que l'on attende encore, le dénouement viendra, le plus sombre qu'on le puisse faire.

Or, à présent, à qui s'en prendre ? Je vais le dire. Mais je veux commencer par examiner les labeurs de l'homme. Je devine que vous pesez en vous-mêmes les mérites du père pour mesurer les droits de la fille. Eh bien ! je vous suivrai Aussi bien faisais-je comme vous ; et tandis qu'elle me racontait en peu de mots ses longues douleurs, je repassais dans ma mémoire cette liste si grande de travaux et de succès toujours brillants et toujours inutiles, et je me demandais comment, après tout cet éclat, on laissait en cet état sa famille en mourant.

II. DES TRAVAUX ET DE LA VIE DE SÉDAINE.

Le théâtre est un livre dont chaque phrase prend une voix humaine, un tableau dont chaque figure s'anime et sort de la toile. Comme écrivain et comme peintre, l'auteur jouit plus pleinement de sa pensée et de sa forme ; il entend l'une, il voit l'autre, il les juge et les perfectionne par les sens, et peut étudier désormais avec moins de fatigue son invention réalisée. Ajoutez à ces jouissances complètes de l'art quelque chose des émotions de la guerre ; car le théâtre met l'auteur en face de l'ennemi, le lui fait voir ; compter et combattre. Les livres ne disent point comment ils l'ont rencontré ; leurs luttes ont été des duels secrets et silencieux, dont les triomphes se devinent d'années en années, et leur inventeur n'a pu mesurer que rarement et imparfaitement les effets des émotions qu'il a voulu donner ; le théâtre les fait sortir à la clarté de mille flambeaux, par des cris de joie ou par des larmes ; le peuple s'avoue vaincu et applaudit à sa défaite et à la victoire d'une idée heureuse. Ne soyez donc pas étonnés que ce travail charmant soit devenu, dans beaucoup de cœurs, une passion.

Nous allons voir par quel hasard cette passion entra dans l'âme honnête de Sédaine, et jeter un coup d'œil sur sa vie avant de revenir à celle de sa fille.

Le juillet 1719 était né à Paris Michel-Jean Sédaine, fils de l'un des architectes les plus honorés de la ville. Sa famille, heureuse et estimée, lui faisait faire de sérieuses études. Il avait à peine treize ans lorsque son père fut tout à coup ruiné, et s'étant réfugié au fond du Bern, où il avait emmené ses enfants, y mourut en peu de temps, dévoré par une tristesse profonde. Le pauvre petit Sédaine, resté seul avec son plus jeune frère, le prend par la main et se met en route pour Paris. Sa mère y était retirée dans une abbaye. Il veut l'aller rejoindre. Il avait alors pour tout bien dix-huit francs ; il les emploie à payer la place de son frère dans la lourde diligence de ce temps, lui donne sa veste parce qu'il fait froid, et suit la voiture à pied. Quelquefois les voyageurs font monter sur le siège du conducteur ce petit père de famille de treize ans, et il arrive ainsi à Paris. C'est là, c'est alors qu'il reprend par la base le métier de son père et se met vaillamment à tailler la pierre, aidant ainsi à la subsistance de sa mère et à l'éducation de ses jeunes frères. Tandis qu'il travaillait gaiement, les larmes venaient aux yeux des maçons qui avaient connu son père l'architecte et servi sous lui comme des soldats ; aussi quelquefois, quand la chaleur était trop ardente ou la pluie trop forte, il trouvait sa pierre placée par eux à l'abri et transportée la nuit sous quelque hangar. Cependant Sédaine étudiait toujours ; à côté de sa longue scie, le tailleur de pierre posait Horace et Virgile, Molière, Montaigne, qui furent les adorations de toute sa vie ; et quand ses compagnons les maçons dormaient couchés sur la poitrine dans le gazon, il prenait ses chers livres et pensait à l'écart.

Voilà donc les deux sources de ses idées : la famille et l'atelier des maçons.

Les premières voix qu'il entend sont douces, dans les premières années heureuses : le vieux père, la mère, l'oncle, les anciens domestiques en cheveux blancs, pareils à cet Antoine du *Philosophe*, ayant comme lui peut-être une fille qui n'est placée ni si haut que la maîtresse de la maison ni si bas que la femme de chambre, ainsi que *Victorine* ; un salon, des parents sages et bons, quelques-uns magistrats : *la bonne robe est sage comme la loi*, il le dit avec le proverbe ; des tantes un peu entichées de la noblesse qu'elles avoisinent, des amis financiers, toute la bonne maison de bonne bourgeoisie de Paris chez l'architecte de la cité, *domus*. Porté, bercé d'abord par tous ces bras, endormi sur ces genoux, passé d'une épaule à l'autre, baisant ces grands fronts vénérables, poudrés et parfumés, assis sur les robes de damas à grandes fleurs, jouant avec les longues boucles de cheveux enrubannés, cet enfant n'entend alors que bons propos, que paroles d'attendrissement pour lui, de sagesse, de bonne grâce envers tous. Il conçoit donc, de prime-abord, ce monde élégant, poli et posé, dans lequel plus tard il aimera à faire vivre les familles de son invention, ces familles honnêtes et charmantes où les imprudences sont enveloppées de tant de formes respectueuses, et où les caprices et les passions même se tiennent toujours à demi inclinées devant les devoirs. Les secondes paroles qui frappent cette jeune oreille sont celles de la poésie populaire et du peuple même. Les artisans, les ouvriers l'entourent, Colas et Nicolas travaillent à ses côtés pendant qu'il lit les dialogues des *Jacqueline*, des *Pierrot* et des *Martine* de Molière. Là, c'est la pauvreté joyeuse, le travail au sommeil tranquille, la vigoureuse santé, les chansons en plein air et à pleine voix, les soldats dont le mal du pays fait des déserteurs, des enfants déjà fiancés au berceau, dont les parents ne peuvent qu'à grand' peine retarder la noce. Le jeune apprenti regarde et lit tour à tour ; ses oreilles vont du son à l'écho, ses yeux de la nature au miroir ; il ne comprend pas encore cette double face des choses, mais il la devine ; il en est tout charmé, et sent vaguement que le Vrai a besoin de revêtir le Beau comme un rayonnant visage, selon l'expression de Platon.

Mais je m'arrête dans cette recherche, car bientôt et tout. à coup il s'affranchit des impressions premières, il se dégage entièrement de lui-même, il s'élève, il invente, et nous ne devons pas chercher trop avant dans le cœur, quand la tête est si libre. Lorsqu'il s'agit d'examiner les œuvres d'un homme dont le génie est dramatique, d'un poète épique ou d'un romancier, de celui enfin qui crée et fait mouvoir des personnages, il ne faut pas chercher trop minutieusement, dans ses œuvres, l'histoire détaillée des souffrances de son cœur, ni la chronique des accidents et des rencontres de sa vie, mais seulement les mille rêves de son imagination et leur mérite aux yeux de ceux qui savent tous les secrets de l'art difficile de la scène. Quels rapports ingénieux ne trouverait-on pas entre les ouvrages d'un homme célèbre et les impressions qu'il reçut du dehors, entre sa vie idéale et sa vie réelle, si l'on voulait trop s'étudier à leur faire suivre deux lignes parallèles ! Mais que de fois il faudrait tordre la ligne de la vérité des faits pour lui faire rejoindre celle des créations imaginaires, et qu'elle serait souvent rompue à la peine !

Le premier devoir du poète dramatique est le détachement de lui-même. Avant de mettre le pied dans l'enceinte de son théâtre idéal, il faut que son imagination boive une coupe de l'eau du Léthé, qu'elle oublie son séjour dans une tête humaine, son rôle dans la comédie de la vie, et qu'elle souffle ensuite, qu'elle agrandisse et diminue, qu'elle colore des mille nuances du prisme, les bulles de savon qu'elle va librement jeter dans l'espace illimité. Si le poète trop préoccupé de lui-même se laissait entraîner à se peindre dans chacun de ses ouvrages, il tomberait dans une monotonie de traits et de couleurs que Beaumarchais compare avec sa justesse d'esprit accoutumée à des *camaïeux* ; — on appelait ainsi certains petits tableaux imitant le camée et l'onyx, où tout était blanc et ombré de bleu ; — certes l'azur est une belle couleur, mais tout dans la nature et dans la vie n'est pas azuré, il s'en faut de beaucoup. C'est une prétention moderne et tout-à-fait de notre temps, outrée quelquefois au-delà de toute mesure, que celle de jeter son portrait partout, posé dans la plus belle attitude possible. Je ne sais si l'on y pensait autant avant J.-J. Rousseau, son Saint-Preux et ses Confessions. Une fois ces ressemblances de l'auteur glissées dans ses œuvres, aisément dépistées et faiblement niées, le public et la critique ont pris fort naturellement l'habitude de fureter dans tous les coins d'un drame et d'un roman, de lever tous les voiles et tous les chapeaux pour reconnaître l'écrivain en dessous. Dangereuse coutume de bal masqué, en vérité très désastreuse pour l'art si elle prenait racine parmi nous, car on n'oserait plus peindre un scélérat ni la moindre scélératesse, de crainte d'être pris pour un pénitent qui parle au confessionnal. Ce grand amour des portraits et des secrets surpris fait que nous les cherchons trop souvent où ils ne

II. DES TRAVAUX ET DE LA VIE DE SÉDAINE.

sont pas. Il est bien vrai qu'il y a dans tous les théâtres certaines belles œuvres, mais très rares, plus particulièrement empreintes que les autres d'une souffrance profonde, et que le poète semble avoir écrites avec son sang versé goutte à goutte. Les tortures de la jalousie peuvent avoir fait sortir Othello et Alceste tout armés du poignard et de l'épée, des fronts divins de Shakespeare et de Molière ; mais les arguments vigoureux des personnages graves qui combattent les plus emportés, sont prononcés par une voix toute puissante, celle de la raison du penseur ; elle est debout à côté de la passion et lutte corps à corps avec elle ; dès que je l'entends parler, je sens que sa présence m'ôte le droit de rechercher les douleurs personnelles d'un grand homme qui sait si bien les dompter et qui en connaît si parfaitement le dictame et les antidotes, je replace le voile sur son buste et je ne veux voir et écouter que les personnages qu'il s'est plu à faire mouvoir sous mes yeux. L'examen a sa mesure, et l'analyse a ses bornes. Gardons-nous bien de porter trop loin ce caprice moderne qu'on pourrait nommer *la recherche de la personnalité*. La scène a toujours été assez pure en France de l'affectation de se peindre, et je ne vois pas que ni les moindres, ni les plus excellents de nos poètes dramatiques se soient étudié à s'y représenter. J'estime que si parfois leurs sentiments secrets se sont fait jour dans le dialogue de leur théâtre, ce fut malgré eux, par des soupirs involontaires, et l'homme croyait son caractère et sa vie bien en sûreté sous le masque les plus déterminés aventuriers n'ont pas même eu l'idée, au temps de Louis XIV, qu'il fût permis de se décrire ainsi soi-même ; et Regnard, ce hardi voyageur, riche, élégant, joyeux, passionné, épris en Italie d'une belle Provençale, prisonnier avec elle à Alger, esclave à Constantinople, rachetant sa maîtresse et non le mari, courant en vain la Pologne et la Laponie pour l'oublier, n'a pas écrit un vers ni une ligne dans toutes ses comédies qui pût rappeler ses aventures et une vie toute *byronienne*, comme nous dirions aujourd'hui. Ce serait donc une sorte de profanation que de chercher à savoir plus que le poète n'a dit de lui-même, et les commentaires minutieux, les inductions hasardées, les interprétations détournées, fausseraient à la longue l'esprit du spectateur, qui, au lieu de contempler les larges traits d'un tableau de la nature composé de manière à servir de preuve à quelque haute idée morale, n'y voudrait plus voir que l'étroit scandale de quelque petit roman intime où l'auteur paraîtrait comme acteur, et viendrait révéler sa vie privée, tout en dénonçant celle des autres. Ces fausses données ont d'ailleurs un grand malheur, c'est qu'il suffit d'une page de mémoires, moins que cela, d'une lettre pour les démentir et les rendre nulles.

C'est lorsque l'on veut apprécier le génie élégiaque qu'il convient de prendre l'auteur même pour but de son examen, puisqu'il est lui-même le sujet de ses œuvres. Ici la beauté s'accroît de la ressemblance du portrait. Le caractère et la vie du poète impriment leur grandeur et leur sentiment sur son image, et plus on retrouve l'homme dans l'œuvre, plus sont profondes les émotions qu'elle donne. Comme Narcisse, le poète élégiaque a dû se poser en tout temps sur le bord d'un ruisseau, s'y mirer et y dessiner avec soin son image ; il ne doit oublier ni un cheveu arraché, ni une larme, ni une goutte de sang, et c'est pour cela qu'on l'aime (quand on l'aime), et qu'il faut s'intéresser à lui forcément, puisque son personnage souffrant ou rêveur est le seul qu'il mette en scène, puisque partout et toujours il se regarde et se peint, et jusques en enfer, quand il ira, il se regardera encore dans l'eau en passant la barque d'Homère ou celle de Dante :

Tum quoque se, postquàm est infernâ sede receptus
In Stygiâ spectabat aquâ.

Nous allons voir, en suivant la vie de Sédaine, combien son imagination fut indépendante des phases diverses de sa destinée, et qu'il ne prit soin que de perfectionner cette rare qualité qu'il eut et dont la difficulté est rarement comprise, parce que, plus on l'atteint, plus elle se voile sous le naturel, je veux dire la Composition.

Il ne s'était jamais avisé de rien écrire pour le théâtre, lorsqu'un jour de l'année 1754, il le raconte lui-même dans une lettre fort étendue, lettre inédite que j'ai entre les mains, et qui, jointe à sa correspondance et à ses œuvres posthumes, serait une bonne fortune pour les éditeurs ; lorsqu'un jour, dis-je, un certain Monnet, directeur de l'Opéra-Comique, vint frapper à sa porte et lui offrir ses entrées à son théâtre, pour avoir le bonheur, dit-il, de voir un *grand homme* qui a fait *la Tentation de Saint-Antoine*, la *Chanson de Blaize*, l'*Epître à mon Habit*, etc., etc. On sait quelles étaient ces petites chansonnettes à la mode alors, et dont la première est assez dans le ton de celles de Vadé, de Collé et de Piron, et sent quelque peu les caveaux de Momus et de Comus. Il n'avait fait alors que cela et d'autres vers d'un ton plus élevé, des pièces fugitives qui étaient encore toute sa gloire et faisaient le bonheur du salon de Mme de Soucy, sous-gouvernante des enfants de France, où la baronne de Makau et Mme Diane de Polignac, bien jeune alors, se trouvaient. Il y cherchait, dans une douce habitude de tous les soirs, ce langage de bon goût qu'il avait en lui, ce bon ton qu'il a répandu dans ses œuvres, et elles rendaient plus exquise encore cette noblesse parfaite, cette délicatesse de sentiments que lui ont connues tous ses amis. Mme de Soucy le nommait son berger, tant il l'avait nommée Philis ! Enfin ces chansons avaient enchanté M. Monnet, aussi bien que les femmes de la cour ; mais Sédaine le refusa d'abord.

— Je me garderai bien d'accepter vos entrées, lui dit-il ; on n'offre rien pour rien, et vous espéreriez de moi quelque opéra-comique, ce que vous pouvez être sûr que je ne ferai pas. Je fais des maisons, et puis voilà tout : *Je suis maçon pour vivre et poète pour rire.*

Cependant peu de temps après le même visiteur revint. Il était triste, désolé. — Monsieur, je suis au désespoir, et si vous ne me tirez pas de la situation où je me trouve, je suis un homme perdu. Vadé me quitte, ne veut plus rien faire pour moi ; ainsi, je suis forcé de vendre mon fonds. (Or, c'était l'*Opéra-Comique* ; n'est-on pas tenté de dire à ce mot de *fonds* :

Comme avec irrévérence
Parle des dieux ce maraud !

mais alors c'était le terme.) Et, ajoure Monnet, comme je n'ai aucun ouvrage pour en soutenir le crédit, je le vendrai moitié moins. Si vous vouliez me faire un opéra-comique, je vendrais ma salle et mon privilège comme il faut. — Mais je n'ai pas le temps, dit Sédaine. — Mais, monsieur, ce soir en rentrant envoyez-moi vos brouillons, je les ferai copier.

Ainsi fut fait, et voilà comme on devient auteur malgré soi.

Pour sauver le directeur de l'Opéra-Comique, Sédaine fait tout à coup *le Diable à quatre*. Il réussit, ne se fit pas nommer, et ne pensait plus au théâtre, quand, cinq ans après, un autre, directeur le vint tenter encore. Philidor interrompit une partie d'échecs pour faire la musique d'un nouvel opéra, et voilà Sédaine parti ; la passion du théâtre le saisit ; chaque année voit paraître et réussir deux pièces nouvelles, trois quelquefois, d'allure franche, naïve, décidée, d'imagination neuve chacune :

Comme une jeune fille au teint frais et vermeil,
....
L'eau pure a ranimé son front, ses yeux brillants,
D'une étroite ceinture elle a pressé ses flancs,
Et des fleurs sur son sein, et des fleurs sur sa tête,
Et sa flûte à la main

Cette flûte qui chantait tantôt avec Grétry, tantôt avec Monsigny. Trente-quatre ouvrages se succèdent à peu de distance, et les moindres sont joués par toute l'Europe, dans les cours d'Autriche et de Russie ; c'était une mode, une vogue, une fureur ; c'était plus aussi, un mérite réel et durable les soutenait. J'ai hâte d'arriver à ses deux chefs-d'œuvre.

Je trouve avec satisfaction, dans une notice sur sa vie, écrite par la princesse de Salm, qu'il répétait souvent qu'il fallait passer au moins un an à faire le plan d'une grande pièce, mais qu'on pouvait n'être qu'un mois à l'écrire. Ce mot atteste un homme qui sentait la difficulté de ce talent de Composer pour lequel il faut tant d'invention et de méditations sérieuses combinées, et tant de science de ces proportions dans lesquelles l'art de la scène doit enserrer, résumer, concentrer et faire mouvoir sans effort toutes les observations recueillies dans la mémoire du poète sur la vie, les mœurs et les caractères. Faute de comprendre cette partie de l'art, on l'a quelquefois traitée légèrement, comme on fait tout ce qu'on ignore ou ce qu'on ne peut atteindre. Cela s'est appelé, pour quelques personnes, *charpenter*, et ce travail leur a semblé chose grossière et facile. Mais l'architecte Sédaine pensait différemment, sans doute à cause de sa première profession, et savait que sans charpente il n'y a pas de maison, et que tout palais croulerait s'il n'en avait une largement jetée, appuyée sur des bases solides et habilement façonnée ; que Sophocle, Euripide, Plaute, Shakespeare, Corneille et Molière furent les plus habiles charpentiers du monde, et celui surtout qui disait, après avoir lentement dessiné la charpente de sa pièce et tourné autour de son plan, comparé ses mille ébauches.et avoir arrêté ses lignes : *Tout est fait, je n'ai plus qu'à écrire les vers.* C'est que ces hommes-là connaissaient la scène et l'avaient bien arpentée, c'est qu'ils savaient ses secrets ignorés de beaucoup de ceux qui jugent ses mérites, c'est qu'ils jetaient leur coup d'œil de maître sur les magiques perspectives du théâtre, du point de vue au point de distance, à la manière de Michel-Ange, autre constructeur de monuments. Ils posaient d'abord leur idée-mère, leur pensée souveraine, et la scellaient comme un roi pose la première pierre d'un temple ; de ses larges fondations s'élevaient les charpentes fortes et élégantes avec leurs courbures célestes, leurs larges entrées et leurs passages dérobés, leurs vastes ailes et leurs flèches légères, et tout était ensuite recouvert d'une robe d'or ou de plomb, de marbre ou de pierre, sculptée et égayée d'arabesques, de figurines, de chapiteaux, ou simple, grave, sombre, pesante et sans parure. Qu'importe ? La forme extérieure n'est rien qu'un vêtement convenable qui se ploie, se courbe ou s'élève au gré de l'idée fondamentale ; et toute la construction de l'édifice avec l'habileté de ses lignes ne fait que servir de parure à cette idée, consacrer sa durée et demeurer son plus parfait symbole.

L'épreuve la plus sévère pour le rare génie de la Composition, c'est le théâtre. C'est le feu où se brisent les faibles vases, où les forts durcissent leur forme et reçoivent l'immortalité des couleurs. C'est du lecteur de nos livres que l'on peut dire qu'il est patient parce qu'il est tout-puissant. Il surveille lui-même ses impressions et les abrège ou les prolonge à son gré, traverse et foule aux pieds les pages qui l'empêchent dans sa marche ; il va en avant malgré les landes, il a des échasses ; ou tout à coup il s'arrête, revient sur ses pas pour revoir quelque point du pays mal examiné, pour entendre deux fois une explication mat comprise ; il y supplée au besoin avec son crayon, et ajoute à ses informations de voyageur, sur la marge ; il est à son aise enfin, et, s'il est las, laisse le voyage et le livre pour longtemps ou pour toujours. Mais le cercle des trois heures presse le spectateur, et malheur si les divisions n'y sont pas exactement mesurées, si toute idée, tout sentiment n'occupe pas sa place précise ; malheur si l'aiguille, en avançant, surprend un personnage en retard, ou s'il manque au dernier quart d'heure dans lequel se dénoue chaque lien et s'accomplit chaque destinée. Ce sont deux parts toutes différentes de l'art : le poème historique, le roman épique, sont pareils à des Bas-reliefs dont les tableaux successifs s'enchaînent à peine par le pied des personnages ; mais tout drame est un Groupe aussi pressé que celui de Laocoon, un Groupe dont les personnages doivent être liés fortement dans les nœuds du serpent divin de l'art.

Ce talent de dessin, de prévision constante et habile, appartint à Sédaine assurément, et de façon à surprendre lorsqu'on examine la perfection et l'ordre de ses moindres productions. Malheureusement il donna au plus grand nombre de ses compositions la forme la moins littéraire, celle qui seconde et soutient le maestro, celle du libretto. Cette bienfaisance insouciante qu'il montre, dans la lettre que j'ai citée, lui fit faire ce qu'il fallait pour empêcher l'Opéra-Comique de mourir, et comme ce théâtre était toujours mourant et renaissant, ainsi que nous le voyons encore, le bon Sédaine ne cessait de le soutenir et de lui faire des béquilles et des lisières.

Deux fois cependant il s'avisa de penser à lui-même sérieusement, et, pour sa réputation, donna deux ouvrages à la Comédie-Française, qui n'a cessé de s'en parer et de les porter avec orgueil comme deux pendants d'oreille de diamants *La Gageure imprévue* et *le Philosophe sans le savoir*.

Je m'arrête ici à dessein, et je sens le besoin de vous faire mesurer pièce à pièce la valeur de cet écrin et de prendre en main l'un après l'autre chacun de ces deux bijoux. — Cette *Gageure imprévue*, qui de vous, qui de nous, ne l'a écoutée avec ce sourire paisible que l'on sent venir sur son visage malgré soi en présence de ce monde choisi où les vertus ne *sont point diablesses*, comme dit Molière, où elles ont un langage fin, piquant, animé, passionné même parfois ; où il se livre une petite guerre de paroles élégantes dont les menaces ne sont pas graves en apparence, mais cependant touchent vivement et sondent profondément le cœur ; où les plus nobles sentiments ne font point parade de leurs bonnes actions et glissent avec grâce sur toute circonstance qui les pourrait faire valoir ; où la coquetterie et la jalousie sont passagères et n'ont que de si courts accès, qu'ils servent seulement à faire ressortir le fonds d'honnêteté qui règne dans ces âmes sereines dans ce monde enfin qui par ses qualités naturelles et coutumières bien plus que par ses formes, élégantes, méritait et mérite encore partout où il se rencontre le nom de beau monde ?

II. DES TRAVAUX ET DE LA VIE DE SÉDAINE.

Quelle grâce, quelle finesse, quel naturel dans cette courte comédie ! Quelle plus ingénieuse broderie orna jamais un fond plus léger ? La composition si simple en apparence et savante dans tous ses détails, c'est un ruban de femme, un ruban rose et moiré, qui, tout chatoyant et flexible qu'il est, forme cependant un nœud et un nœud serré, difficile, habilement tordu par une main de maître qui sait ce qu'elle prépare. Voyez d'abord ce désœuvrement de château, que pourra-t-il éclore de là ? rien en apparence, et personne ne pense qu'il y ait chance pour nul évènement. Mme de Clainville s'ennuie à la campagne, c'est tout simple ; il y arrive si peu de chose et l'on a tant d'heures à employer ! Madame va de long en large sur le balcon, madame a épuisé en une heure toutes ses ressources de divertissement, cette liste de plaisirs innocents que Voltaire nommait, et elle le répète involontairement tout bas, *les premiers des plaisirs insipides.* Elle a visité la volière qui lui a sali les doigts et les cheveux, la basse-cour qui lui a sali les pieds ; elle a passé un moment à la porte de l'écurie à regarder la croupe luisante des chevaux, elle a dit bonjour aux palefreniers et bonsoir aux bouviers, en longeant l'étable et en regardant les vaches défiler la sonnette au col ; elle a passé la main sous le menton d'une petite jardinière, elle a voulu parler jardinage à la mère et n'a su que lui dire, faute de savoir les mots en usage, pendant que la jardinière n'a su que répondre de peur de les prononcer : dialogue muet et embarrassé ; elle a regardé le grand parc et la garenne avec tous ses lapins, elle a même parlé au garde-chasse édenté qui revenait avec tous ses chiens et un perdreau dont il écrasait la tête avec son pouce ; elle a dissimulé son mal de cœur le mieux qu'elle a pu, elle est revenue avec de l'eau, de la boue et de la paille sur ses bas blancs et dans ses petits souliers à talon haut ; quelque peu enrhumée, mais la conscience en repos sur son devoir de châtelaine qui se croirait fermière volontiers et utile au pays. Elle n'a plus rien à faire ; comme Titus, elle a rempli sa journée, et il n'est encore que dix heures du matin. De désespoir, et après avoir séché ses plumes et ses ailes, rentrée dans sa chambre à coucher, elle prend un livre (affreuse extrémité pour une femme du monde), et le mettant dans sa main droite, ouvert au hasard avec un doigt qu'elle y laisse, elle croise les bras de manière à couvrir ou couver plutôt l'heureux livre sous son épaule gauche, et s'appuyant sur son balcon, elle regarde pendant quatre heures la pluie qui tombe sur les passans.

Une longue plaine, une plaine de Beauce, j'en suis sûr, avec un bel horizon de blés et de blés coupés ; une grande route avec des rouliers en blouse et en bonnet de coton, un gros chien dormant sous la voiture, une grosse voiture de toiles mouillées, toujours des charrettes lourdes, lentes, des hommes en sabots, et pas même un coche ridicule qui la ferait rire avec ses nourrices ; mais de gros tonneaux traînés par de gros chevaux qui ont de gros colliers de bois et de laine bleue. Quelle vue pour de beaux yeux !

Elle rentre dans sa chambre. Que trouver dans une chambre, sinon une femme de chambre ? Aussi la prend-elle en horreur tout d'un coup. La pauvre Gotte (car je lui donne son vrai nom, moi), la malheureuse ne peut pas dire un mot ce matin qui ne soit une sottise, une insolence, un crime ! — Madame veut son clavecin. Vite ! il faut ouvrir son clavecin ; est-il accordé ? elle est folle de musique, ce matin. Elle veut jouer Grétry ou J.-J. Rousseau ; si le clavecin n'est pas accordé, elle sera au désespoir, elle en pleurera. — Il l'est, madame, dit, la pauvre femme en tremblant, le facteur est venu ce matin. — Madame est prise, il faut jouer du clavecin, plus de motif de colère. — Elle prend son parti tout à coup, tourne le dos au clavecin, et dit en soupirant : J'en jouerai ce soir ; puis elle retourne à sa chère fenêtre.

Ah ! chose précieuse qu'une fenêtre à la campagne, quelque monotone que soit le paysage ; s'il peut arriver un bonheur, c'est par là. — Il arrive au galop ; c'est un jeune homme, c'est un officier : il a un chapeau bordé d'argent ! Enfin, voilà un homme et non des animaux. — Allez vite à la porte du parc, je l'invite à dîner ; elle a juré qu'elle ne dînerait pas seule. On dira ce qu'on voudra, il arrivera ce qu'il pourra, malheur à ceux qui se scandalisent ! En ce moment, elle donnerait sa part de paradis pour une conversation de Paris ; la voilà, elle ne se perdra pas, elle l'appelle par la fenêtre ; la conversation parisienne ne se fait point prier, elle ôte son manteau, elle passe la porte secrète, elle monte, elle est vive, elle est fine, elle a tous ses atours, elle est charmante.

Et cette petite faute de désœuvrement et de curiosité sera toute la pièce, c'est sur ce crime d'enfant que tout cet édifice est bâti, cet édifice aux lambris élégants et dorés. Que de ruses en effet ! que de

II. DES TRAVAUX ET DE LA VIE DE SÉDAINE.

finesses viennent au secours de Mme de Clainville, pour l'aider à déguiser sa curiosité puérile ! Il faut changer de nom, faire inviter le bel officier de la part de Mme de Wordacle, une vieille *comtesse, s laide et si bossue*, dit-elle avec douleur, tant pour une heure ce nom lui fait peine à porter ; il faut chercher à donner du sérieux à ce rendez-vous et du respect à cet inconnu, et trouver une seconde ruse à jeter par-dessus la première. Mais voici bien autre chose ; au moment d'inquiéter son mari dans ses possessions, elle est menacée dans les siennes. Une jeune personne est logée chez son mari, avec sa gouvernante ; elle le découvre par ses gens, fait venir cette jeune et rougissante beauté, qui a été hier tirée du couvent par son mari, on ne sait pourquoi ; elle ne le demande pas, et, avec une dignité douce et parfaite, la fait reconduire à son appartement. Déjà donc, un peu troublée, elle reçoit le chevalier Détieulette, et enfin *ne dîne pas seule*, comme elle l'avait juré. Que d'esprit il y eut à ce dîner, à en juger par la fin de cette conversation, où le chevalier, dans un continuel persiflage, lui fait des femmes un tableau malin, qu'il attribue à M. de Clainville, son mari, qu'elle est forcée de renier et de ne pas connaître. La punition commence pour la gracieuse étourdie ; elle devient bientôt plus grave, car M. de Clainville revient ; il faut cacher un inconnu chez elle, dans un cabinet secret, c'est déjà assez leste, mais c'est peu encore, elle s'enfonce dans le crime. Il lui est resté sur le cœur un mot de son mari contre les femmes, le diable lui souffle qu'elle se doit venger et prouver la supériorité de son sexe ; la ruse est ourdie à l'instant, et le plan de sa gageure imprévue, improvisée plus tôt. Elle torture son mari, ce grand chasseur, par le pari qu'il ne pourra tout décrire dans une serrure ; elle lui dit qu'il a oublié la clé, et lui avoue qu'un officier, un inconnu, est caché derrière cette serrure, parvient à le troubler enfin dans son sang-froid, puis offre cette clé quand il est en colère, le promène ainsi longtemps entre deux sentiments, le fait tomber à genoux, et jouir bien pleinement, par-devant ses domestiques, de la supériorité de son sexe ; puis, par pure grandeur d'âme, va ouvrir à l'inconnu quand son mari vaincu est sorti. Elle triomphe :
— Eh bien ! monsieur, êtes-vous convaincu de l'avantage que toute femme peut avoir sur son mari ? – Il salue, il est plein de respect, mais on ne sait pourquoi il est peu convaincu. C'est que la trompeuse est trompée, c'est que cet inconnu était l'ami de son

mari, et venait chez elle tout simplement pour épouser cette jeune personne mystérieuse. — comment, monsieur, j'étais donc votre dupe ? Non, madame, mais je n'étais pas la vôtre. —Et la duplicité est ainsi gracieusement châtiée, et rien que de bien n'a été entendu et vu, et un spectacle charmant a été donné.

Vous connaissez ces bustes de marbre qui forment une double haie Si solennelle et si mélancolique dans le foyer public de la Comédie-Française ? Un soir, non pendant un entr'acte, il y a trop de monde, mais pendant une scène de confidents, au milieu, de quelque honnête tragédie par trop régulièrement parfaite, allez un peu rêver devant ces marbres vénérés, arrêtez-vous au pied de celui de Molière,[1] qui a les yeux si beaux, le sourire si fin et le col si gracieusement tourné sur l'épaule ; jetez aussi : un regard sur celui de Dufrény, et sachez que c'est à ce bon Sédaine que vous les devez tous deux ; oui, à Sédaine et à *la Gageure Imprévue*, car il abandonna tout ce qu'elle rapporterait pour faire, « dit-il, dans son enthousiasme, le buste en marbre du premier auteur comique de l'univers, et peut-être du seul philosophe du siècle de Louis XIV. » Je dois ajouter, en toute conscience, que Dufrény[2] fut sculpté *par-dessus le marché*, parce qu'il se trouvait plus d'argent qu'il n'en fallait pour le buste seul de Molière. Cette jolie *Gageure*, si généreuse, eut un triomphe charmant parmi tous les autres, et qui fut plus sensible encore à Sédaine que les visites qu'il reçut du roi de Danemark, accompagné de Struensée, du roi Gustave de Suède, de l'empereur Joseph II et du jeune fils de l'impératrice Catherine II, depuis Paul Ier ; ce triomphe, qui le ravit, fut le plaisir que prit la reine de France à jouer le rôle de Mme de Clainville. Sédaine présidait aux répétitions de Versailles, et, en échange de ce qu'il enseignait, il apprit quelques grâces nouvelles de sa *gracieuse majesté* Marie-Antoinette, comme on dirait en Angleterre ; il remarque que, dans la scène d'impatience, elle jetait ses plumes sur le bureau avec un abandon si bien placé et une intention si fine, qu'il donna ce mouvement, pour modèle à toutes les actrices qui représentèrent ; depuis ce joli rôle. Vous voyez qu'il reste à notre Théâtre-Français des jeux muets et des traditions qui viennent d'assez bon lieu.

---

1 Par Houdon.
2 De Pajou.

Aussi délicieux et bien plus grave fut : le drame du *Philosophe sans le savoir*. Écoutez cette fois Sédaine lui-même vous dire comme il y pensa : -

« — En 1760, m'étant trouvé, dit-il, à la première représentation des *Philosophes* (mauvais et méchant ouvrage en trois actes), je fus indigné de la manière dont étaient traités d'honnêtes hommes de lettres que je ne connaissais que par leurs écrits. Pour réconcilier le public avec l'idée du mot philosophe, que cette satire pouvait dégrader, je composai le *Philosophe sans le savoir*. Dans ce même temps un grand seigneur se battit en duel sur le chemin de Sèvres ; son père attendait dans son hôtel la nouvelle de l'issue du combat, et avait ordonné qu'on se contentât de frapper à la porte cochère trois coups si son fils était mort. C'est ce qui m'a donné l'idée de ceux que j'ai employés dans cette pièce.. » Telle était sa manière de travailler. L'idée conçue, il attendait que quelque chose de vrai et de beau se trouvât sous ses pas, et toujours sur son chemin la nature jetait de ces fleurs que le vulgaire ne sait pas trouver, et que sent de loin et respire dans l'air l'homme d'un odorat exquis, *homo emunctœ naris*. Voltaire savait cela. Voltaire le rencontre un jour au sortir de l'Académie et lui dit : Ah ! monsieur Sédaine, *c'est vous qui ne prenez rien à personne*. – *Aussi, je ne suis pas riche*, répondit vivement cet homme d'un esprit fin et d'un cœur modeste, qui ne me paraît pas s'être jamais donné grand'peine pour se faire valoir. Si j'en crois le récit de la princesse de Salm, il se trouva près de lui, dans sa maison, une jeune fille qui s'intéressait à lui sans s'en douter elle-même, et fut le modèle de Victorine. C'était : encore là une de ces fleurs rencontrées sur le chemin, et ce fut la plus pure, la plus belle, la plus parfumée.

Je ne crois pas que jamais pièce de théâtre ait été plus souvent et mieux jouée que celle-ci par toute cette famille d'excellents acteurs, qui se passait les traditions des maîtres et perpétuait devant nos eux la représentation des manières élégantes du monde d'autrefois et ses grâces décentes. Il n'est pas un de vous qui n'ait vécu dans la maison de ce philosophe charmant, et n'ait suivi ce jour de noce, qu'une querelle de jeune homme a failli ensanglanter ; pas un qui n'ait compris de quelles études sur la nature humaine et sur l'art une si belle œuvre est le résultat. La rareté des *drames sérieux*, comme les nomment Beaumarchais et Diderot, prouve leur extrême difficulté. « Il est de l'essence de ce genre, dit le premier de ces grands écrivains, d'offrir un intérêt plus pressant, une moralité plus discrète que la tragédie héroïque et plus profonde que la comédie plaisante, toutes choses égales d'ailleurs. Il n'a point les sentences et les plumes du tragique, les pointes et les cocardes du comique lui sont absolument interdites, il est aussi vrai que la nature même ; il doit tirer toute sa beauté du fond, de la texture, de l'intérêt et de la marche du sujet. — C'est dans le salon de Vanderk que j'ai tout-à-fait perdu de vue Préville et Brizard, pour ne voir que le bon Antoine et son « excellent maître et m'attendrir véritablement avec eux. » Tous les grands esprits de ce temps n'ont cessé de citer et d'admirer ce drame, qu'ils regardaient comme le chef-d'œuvre de ce *genre dramatique sérieux*, qu'ils estimaient, non sans raison, le plus difficile à bien traiter au théâtre ; vous auriez plaisir à lire quelques lettres de Grimm, inédites encore et que j'ai là sous les yeux, et à voir quelle sincère chaleur d'enthousiasme se mêle à une raison excellente dans les conseils. Voyez comment on étudiait alors avec gravité une œuvre d'une haute portée, et comme on en sondait les profondeurs avec conscience.

La première représentation ayant été troublée par des causes que je dirai plus bas, Grimm écrivit le lendemain à Sédaine :

« Je ne puis vous dire que je sois touché, enchanté, ivre, car j'ai éprouvé un sentiment d'une nouvelle espèce. Je me félicitais hier toute la soirée comme si j'étais l'auteur de la pièce, j'avais aussi l'âme serrée, et je l'ai encore. Si cette pièce n'a pas le plus grand succès sous quinze jours, si l'on n'y court pas comme des fous, si l'on n'en sort pas plein de joie d'avoir fait connaissance avec une si honnête et digne famille, il faut que cette nation soit maudite et que le don de juger et de sentir lui ait été retiré ; mais il n'en sera pas ainsi. »

Il n'en fut pas ainsi en effet, la nation n'était pas incapable de juger et de sentir, mais son jugement était faussé d'avance par les envieux, race impérissable.

« Une nation, continue Grimm, dont le recueil de comédies serait composé de telles pièces, en deviendrait plus respectable et dans le fait meilleure. — A propos de cet éloge du commerce (que fait Vanderk), je voudrais que le poète dît un mot, à votre manière, sur l'indépendance de cet état qui ne met jamais dans le cas de rechercher avec souplesse des grâces, des faveurs, qui laisse par conséquent à l'âme toute sa fierté, toute son élévation. M. Vanderk finirait par un trait que je trouve beau, et *qui est vrai*... Mon fils, en 17... (il faut savoir l'année de disette ou de récolte manquée), en 17..., je perdis cent mille écus dans les blés, mais cette province fut préservée de la famine. Il y a dix, onze, douze ans de cela, et vous êtes le seul et le premier confident de cette perte. Le gouvernement n'en sait rien, je n'en attends ni récompense ni éloge. Voyez si ce sont là les principes d'un autre état que celui de négociant.... »

Ainsi l'on se passionnait, ainsi l'on étudiait ce grand ouvrage comme un traité grave et profond, on appréciait ainsi tout ce qui touchait aux questions sociales. Diderot fut tout effrayé et tout indigné de la première représentation ; il va, à pied, par une grande gelée, au fond du faubourg Saint-Antoine, chez Sédaine, l'aperçoit à la fenêtre, et lui crie : « Sois tranquille, ils en auront le démenti ; la pièce est bonne, elle réussira. » Ne soyez donc pas trompés sur l'importance de cette œuvre par la simplicité du langage, la noblesse gracieuse des scènes, qui se suivent avec tant d'aisance et de naturel ; rien de plus difficile à atteindre, et si j'ai cité les opinions des hommes célèbres de l'époque, c'est pour assembler tout ce qui atteste comment fut fondée et reconnue la puissance de ce genre de drame, puissance qui ira toujours en s'accroissant, à mesure qu'il traitera des questions plus graves et plus étendues. Le temps a consacré ce succès que Diderot avait prédit, et, depuis soixante-quinze ans, ce drame n'a cessé d'être, de saison en saison, un sujet d'attendrissement et d'étude. Trésors charmants de raison et de bonté, de quel cœur vous êtes sortis ! Créations heureuses que le temps ne peut flétrir, et que chaque printemps rajeunit ! Quel plus noble caractère que celui, de Vanderk, et comme il était bien digne d'être complété par le beau trait que Grimm voulait ajouter à sa généreuse figure ! Il est gentilhomme, et le cache à son fils ; il a craint que l'orgueil d'un grand nom ne devînt le germe des vertus de son enfant ; il a voulu qu'il ne les tînt que de lui-même. La ruine de sa famille, une affaire d'honneur, l'ont exilé de la France. Il a changé de nom, il s'est livré au commerce, y a porté de grandes vues, et avec, j'ai presque dit *malgré* une austère probité, il a acquis une grande fortune et racheté tous les biens que ses ancêtres avaient vendus, l'un après l'autre, pour servir plus longtemps et plus généreusement la patrie, comme faisait cette vieille noblesse tant persécutée. Il avait suspendu son épée dans la salle des états de sa province, et l'est venue reprendre ; il pourrait aussi reprendre son nom et son rang, mais il ne se daigne pas. Il laisse à sa sœur les revenus et l'éclat des grandes terres qu'il a rachetées pour son fils ; il la laisse faire bien du bruit, bien des impertinences, et jouer de l'éventail dans des carrosses au milieu de ses livrées, courir de ses châteaux à Paris et tuer les postillons, préparer même un mariage avec son fils, où lui Vanderk, lui le grave et laborieux père de famille, laissera la tante et le neveu, et se soustraira, et *ne paraîtra pas*. Il sourit doucement avec un regard mélancolique et grave ; il sourit de pitié, mais il l'excuse. *C'est de l'honneur*, mal entendu, dit-il à son fils ; mais *c'est toujours de l'honneur*. Aujourd'hui, il est heureux, un peu heureux, car un esprit philosophique ne l'est jamais tout-à-fait et s'étourdit peu sur l'avenir ; mais enfin il a l'âme sereine : sa fille se marie, elle épouse un jeune et sage magistrat. La noce est prête, on s'occupe de costumes, de belles robes : sa fille n'est pas reconnaissable, tant elle est parée. Il joue avec tout cela ; mais tout est troublé. Son fils, son jeune fils, cet élégant officier, a un nuage sur le front : on a insulté devant lui les négociants. Il va se battre. Cet orage va gronder au-dessus de tout ce beau jour. Victorine, cette douce et vive enfant, Victorine est la seule d'abord qui en ait aperçu le premier éclair ; elle a entendu parler d'une querelle dans un café. Si le jeune officier arrive, elle l'annonce en courant toute haletante, toute charmée ; s'il part, elle le suit des yeux ; elle a pour lui un sentiment secret indéfinissable, délicieux, qui le protège, qui l'enveloppe, qui le suit comme le nuage doré dont Vénus inondait ses favoris ; et pourtant, Sédaine l'a fait remarquer lui-même, le mot d'amour n'est pas une fois prononcé, mais tous les personnages de la famille le sentent, le devinent le ménagent, le respectent. La sœur appelle Victorine en témoignage des heures où rentre son frère ; la mère ne la gronde que les larmes aux yeux de ce qu'elle s'inquiète tant de son fils ; le père, lorsqu'elle s'écrie : *Mort ! — Qui ? — Monsieur votre fils !* le père lui défend de pleurer, mais il la prend dans ses bras, et reçoit toutes ses larmes sur sa poitrine, et sait bien que c'est là le seul cœur où puisse être cachée une douleur égale à sa douleur. Tout perd la tête dans la maison, excepté le maître de cette grande maison, le meilleur, le plus sensible des hommes et le plus juste. Le vieux Antoine, le vieux marin, jette des cris de douleur et d'effroi, il sanglotte comme un enfant ; c'est le père qui le console et le raffermit. Je ne sais s'il y a beaucoup.de scènes plus belles que celle-là sur aucun théâtre, et où le cœur soit plus ému et en même temps l'esprit plus dompté par la contemplation d'un caractère fort et d'une raison supérieure.

J'ai voulu parcourir ainsi et d'une manière légère et bien imparfaite les chefs-d'œuvre de Sédaine, afin que nous eussions bien d'abord sous les yeux ses premiers titres : ses travaux et la nature de son talent. Pour ses succès, ils furent immenses, et rien n'y manqua, même le combat perpétuel des lettres, la lutte contre la calomnie et ses basses menées. — Quel homme n'en est atteint ? quel temps n'en est empoisonné ? La méthode est connue : « Susciter une méchante « affaire, et, pendant la fermentation, calomnier à dire d'experts. D'abord un bruit léger, rasant le sol comme une hirondelle avant l'orage... » Vous savez qui je cite aussi bien que moi, messieurs.

Dans cette lettre inédite de Sédaine, que l'on pourrait considérer comme une note sur des états de service et que j'ai citée plus haut, il dit que jamais ouvrage n'avait eu autant de peine à paraître sur la scène. « Je fus un an entier à en obtenir la permission. On disait que le titre de la pièce était le duel, et qu'elle en était L'APOLOGIE ! » On le poursuivit sous ce prétexte ; il fallut amener le lieutenant de police et le procureur du roi à une répétition, pour les convaincre que l'on allait entendre au contraire le plus beau plaidoyer contre le duel, et pour écouter ces passages, qui laissent peu de doute sur l'opinion que l'ouvrage défend :

« Vous allez commettre un assassinat. — La confiance que l'agresseur a dans ses propres forces fait presque toujours sa témérité. — Préjugé funeste ! abus cruel du point d'honneur ! tu ne pouvais exister qu'au milieu d'une nation vaine et pleine d'elle-même, qu'au milieu d'un peuple dont chaque particulier compte sa personne pour tout, et sa patrie et sa famille pour rien. »

Le croirait-on ? malgré ces paroles le sens entier de la pièce le soupir qui la termine, la leçon sévère à la jeunesse trop ardente et trop brave, et enfin ce tableau vivant des douleur que peut causer une bravade, la première représentation fut troublée par cette opinion que l'on jeta dans le public. Les bouffons et les diffamateurs du jour, des auteurs manqués réfugiés dans le pamphlet, que les amis de Sédaine désignent dans leur correspondance et dont les noms sont depuis longtemps perdus, je ne sais quels gens incapables et importuns dont parlent Grimm et Collé, qui avaient pour habitude de refaire en un tour de main les pièces de Voltaire, de Diderot et de Beaumarchais, furent les premiers à répandre que Sédaine avait écrit *l'apologie du duel*. Il faut peu de chose, vous le savez, pour accréditer ces interprétations perfides ; il suffit de quelques sots blessés par des *portraits noirs de leur ressemblance*, selon l'expression d'André Chénier, et offusqués de la vue d'un succès, pour se cramponner au premier argument qui leur est fourni ; le reste du troupeau de Panurge suit très volontiers et sans hésiter : *Tous crians et bellans*, dit Rabelais, *en pareille intonation, la foule était à qui premier saulteroyt après leur compaignon*. Chacun répétait : *C'est l'apologie du duel*, et s'étonnait cependant de sortir tout en larmes du désordre que l'ombre d'un duel avait jeté dans une belle famille. Pendant trois jours, il fut convenu que l'auteur avait fait une œuvre admirable, il fallait bien le confesser, mais qu'il avait commis une mauvaise action. « Vous voyez la calomnie se dresser, siffler, s'enfler….. : Qui diable y résisterait ? »

Qui ? Le beau et le vrai. Ils résistent, ils règnent, et en peu de jours, vous le savez vous-même, Beaumarchais. Les bruits injurieux s'éteignent, l'œuvre continue son cours et jette sa lueur avec une sérénité de soirs en soirs plus parfaite. Il y a soixante-et-quinze ans que nos pères et nous jouissons de cette douce lumière, nos neveux la verront après nous, et, je le répète, le nom de ceux qui persiflaient le poète et croyaient le perdre et l'abîmer, selon leur expression, est dans l'abîme depuis soixante-et-quinze ans. Il en sera toujours ainsi. J'aurais honte de vous rappeler qu'il y a peu de temps vous entendîtes aussi crier à *l'apologie du suicide*, si vous n'aviez fait justice vous-même de ces cris lorsqu'ils pénétrèrent dans l'enceinte de la chambre, chez vous, en plein sénat.

Tout cependant n'est pas inutile dans les œuvres d'art. Conduit par ce drame à réfléchir sur les pareils de Chatterton, M. de Maillé[1] en a conçu l'idée de fonder par testament un prix de chaque année, pour le début le plus brillant en poésie ; mais il n'a pu faire que l'œuvre d'un généreux citoyen à son lit de mort par cette dotation

---

1 M le vicomte de Maillé, frère de M. le duc de Maillé.

qui ne s'accorde qu'une fois. C'est à la nation d'achever en donnant ce que j'avais demandé par cette pièce, qui fut une pétition et un plaidoyer en faveur de ces travaux mal appréciés. C'est à vous qu'il appartient de faire ce que je vous demande encore par la voix des acteurs. Dites un mot de plus parmi tous ceux qui se disent inutilement, et croyez bien que la France ne vous en voudra pas d'ajouter cette loi aux autres par un seul article que je me figure conçu à peu près en ces termes ; car, que puis-je donner autre chose qu'une imparfaite ébauche ?

— « Tout poète qui aura produit une œuvre d'un mérite supérieur, dont la publication aura excité l'enthousiasme parmi les esprits d'élite, recevra de la nation une pension annuelle de quinze cents francs pendant trois ans. Si, après ce laps de temps, il produit un second ouvrage égal au premier, sinon en succès, du moins en mérite, la pension sera viagère. S'il n'a rien produit, elle sera supprimée. »

Il faudrait aussi déterminer quel jury distribuerait cette juste faveur, et je suis le premier à reconnaître que sa formation est d'une extrême difficulté. Mais enfin, par cette ombre de projet de loi que je vous supplie de pardonner au plus obscur des électeurs et à celui qui fait le moins d'usage de ses pouvoirs, je crois qu'on étoufferait entièrement toute plainte. Jusque-là, avouez-le, elles seront justes, car si je réduis les faits à leur plus simple expression, je trouve que la poésie est reconnue la plus mauvaise des industries et le plus beau des arts. Sur trente-quatre millions que nous sommes, trois mille *dilettanti* à peine l'aiment et l'achètent. Il a fallu la mort, et une mort tragique, et bien des efforts, pour faire connaître, après quarante ans de silence, André Chénier, qui n'est pas encore populaire. Ces perles si lentement formées et si peu achetées, ne sauraient donc faire vivre l'ouvrier qui les couve dans son sein, au fond de ses solitudes sacrées.. Ne pouvant que par des siècles épurer le goût d'un peuple, avisons à faire vivre ceux qui lui, donnent des œuvres pures.

J'ai dû, vous le voyez, être ramené à cette question que j'avais traitée deux fois, dans un livre et sur la scène, parce qu'elle est la même exactement que celle où m'a conduit aujourd'hui le spectacle du contraste des travaux de Sédaine et de l'infortune non méritée de sa fille. Seulement ici c'est le supplice après la mort, ici l'homme de lettres est poursuivi dans son sang.

Sédaine, après avoir vécu en honnête homme, dans l'amitié intime de ce qu'il y avait de plus considéré dans les lettres et dans le grand monde, visité par les rois, chéri et vénéré par Voltaire, Ducis (le vertueux Ducis), d'Alembert, Diderot, Duclos, La Harpe, Lemierre, tous les grands artistes de son temps, tels que Houdon et ce David qu'il forma pour la. peinture, qu'il créa presque pour l'avenir, qu'il aima et qu'il éleva comme un second fils ; Sédaine enfin, après tous ses travaux, après une longue vie de probité et de sagesse, après avoir écrit et fait représenter avec d'éclatants succès les deux pièces de la Comédie-Française que je viens de vous remettre sous les yeux, et *trente-deux* opéras-comiques, en avoir écrit *vingt* autres restés en portefeuille, dut croire, en fermant les yeux, qu'il laissait, avec un renom considérable, un fonds solide, une valeur réelle à sa fille. Dix ans après sa mort, tout fut perdu pour elle, *selon la loi*.

C'est donc à cette loi encore en vigueur qu'il faut s'en prendre ; trop heureux de n'avoir point cette fois à faire de reproches à la société, et de n'avoir à examiner qu'une question de droit.

III. DE LA DIGNITÉ DES HOMMES DE LETTRES DE NOTRE TEMPS, ET DU SENTIMENT QUI A DICTE LA LOI.

La loi du 13 janvier 1791 posa les limites de cinq ans à la propriété littéraire des héritiers ou cessionnaires ; la loi du 19 juillet 1793 les a reculées jusqu'à dix années après la mort de l'auteur. Un sentiment universel d'équité a remué les cœurs au spectacle d'un grand nombre de familles envers lesquelles l'application de la loi actuelle a semblé une spoliation, tant elle est rude et tant elle anéantit brusquement les existences. De là la séance de la chambre des pairs du 28 mai 1839. J'ai espéré inutilement que les travaux de la chambre des députés lui permettraient de donner suite à un voté généreux, quoique bien incomplet. Voilà où nous en sommes aujourd'hui. — La loi de la Convention règne encore, et rien depuis n'a été fait, sinon un décret supplémentaire de l'Empire sur les ouvrages dramatiques posthumes prenant aussi les dix années pour terme.

Avant de porter vos regards en arrière sur ce qui fut proposé par des esprits graves et désintéressés à la chambre des pairs, ne pensez-vous pas qu'il soit utile de sonder la nature même de ce sentiment de justice qui appelle l'attention sur ce point et contraint les assemblées législatives d'accorder de temps à autre un sursis à ces familles condamnées ? Je n'hésite pas à le dire, ce sentiment ne prend pas sa source uniquement dans la pitié, mais aussi dans un fait incontestable, la dignité toujours croissante de l'homme de la pensée.

Au-dessus de toutes les ruines faites par nos révolutions, et de tous les abaissements faits par nos démocraties, s'élèvent de plus en plus les têtes pensantes qui parlent aux nations. Poètes, grands écrivains, hommes de lettres (et ce dernier nom est resté, tout mal fait qu'il est, le nom général de la nation de l'esprit), tous ont droit, de par les travaux et les peines de leurs devanciers autant qu'au nom des leurs, à une meilleure et plus digne existence. Ceux-là sont aussi des serfs affranchis, et, à ce propos, je ne puis comprendre les erreurs et les idées fausses qui se répètent à nos oreilles de temps en temps, à époque fixe.

Il est nécessaire que je le dise ici, une étrange et secrète tendance se devine dans des écrits dont l'influence est incontestable, mais fatale. On dirait que certains hommes ont pris à tâche de porter atteinte à la considération des lettres, ce noble pouvoir ! comme si les résistances et les infortunes n'y suffisaient pas. Ils travaillent sans relâche à décourager les plus jeunes et les plus enthousiastes écrivains ; ils reviennent sans cesse à la charge, et jettent leur glace sur toute source chaude qui perce dans l'ombre ; on dirait qu'un silence universel, qu'une mort complète de l'art peuvent seuls les calmer. La légèreté, l'insignifiance accoutumée de leurs écrits, font qu'on ne les réfute jamais, et cette impunité les enhardissant, ils redoublent, et leurs idées fausses gagnent et sont répétées par les indifférents en grand nombre qui engourdissent le monde. On ne pourrait croire tout ce que fait dire l'ardeur étourdie de la critique et quels exemples on va chercher dans les chroniques d'un autre temps. Pourquoi se plaindre ? Dit-on, Tasse et Camoëns ne se plaignirent pas ; Sixte-Quint garda les pourceaux, et J.-J. Rousseau fut laquais ; vous pouvez bien vous résigner à servir vous qui ne les valez pas.

D'où donc peuvent venir de telles intentions, et comment cette prétendue humilité se rencontre-t-elle chez ces hommes qui ne cessent de rechercher dans l'histoire les avilissements d'autrefois, pour que l'on prenne gaiement son parti des souffrances de ce jour ? Eh quoi ! la civilisation n'a-t-elle pas marché pour tout le monde ? La classe moyenne, en élargissant son cercle, dont la France s'est assez enorgueillie, n'a-t-elle pas compris, dans une large circonférence, les maîtres de la pensée et de la parole ? Le bourgeois a bien cessé d'être vassal, l'écrivain a dû cesser d'être bateleur, parasite, laquais et mendiant comme ceux des siècles passés qu'on ne craint pas de donner en exemple à notre siècle. L'intention apparente de modérer les prétentions de la jeunesse n'excuse point les conseils insultants qu'on lui donne. Il est trop facile d'ailleurs d'en comprendre l'intention, et de répondre que le gardeur de porcs et le laquais de Mme de Vercellis n'étaient ni Sixte-Quint ni Rousseau. Le vigneron Félix Peretti, en 1529, pouvait bien garder des troupeaux ; mais sitôt qu'il sut lire, se nomma Montalte et eut fait son premier sermon de théologie à Sienne, il sentit ce qu'il pouvait être, et nul n'eût osé le renvoyer à l'étable. Le petit garçon qui arrivait de l'hospice des catéchumènes de Turin, en portant son habit au bout d'un bâton, pouvait être laquais parfaitement et sans déroger à sa gloire ; mais lorsqu'il eut écrit sa première page, et senti qu'il était Jean-Jacques en la relisant, quel prince, quel roi eût réussi à en faire autre chose que le plus indépendant et le plus lier des citoyens et des penseurs ? Cet homme si sensible et si susceptible qui permettait à peine aux grands seigneurs de lui offrir à dîner après vingt ans d'intimité et en sortant de leur table copiait sa musique, tout infirme qu'il était, pour ne vivre que de son travail, ne nous a *confessé* son état de valet que lorsqu'il s'est vu si haut qu'il ne risquait rien de l'avouer, et il a mis du faste à étaler cette plaie de l'enfance après avoir écrit le *Contrat social* et l'*Émile*. En vérité, prendre l'auteur de l'*Inégalité des conditions* pour modèle de résignation au dédain, c'est par trop maladroit. C'est celui-là, justement, qui a le mieux compris et enseigné la dignité de l'écrivain dans nos temps, et mis en pratique ce respect qu'il doit avoir pour lui-même, afin que l'on prenne au sérieux ses enseignements. Pour affirmer que Camoëns et Tasse ne se sont pas plaints de l'injustice des temps, il faudrait avoir écouté les cris de l'un à l'hôpital, et avoir lu ce que l'autre écrivait sur le mur de son cachot ; ces exemples innombrables des injustices de la société *qui ne veut jamais avoir tort* ne sauraient se justifier par aucun paradoxe. C'est une bien cruelle plaisanterie que de dire à quatre siècles de distance que ces illustres infortunés ne se plaignirent pas, parce que nous n'avons pas entendu leurs plaintes à travers les temps ; c'est une curieuse manière d'argumenter que celle-ci : — Courbez-vous sous tous les bâtons, rentrez dans la souillure et la honte après avoir produit des œuvres distinguées, jeunes gens instruits et bien élevés de notre époque, puisqu'au XVIe siècle un enfant de huit ans, fils d'un paysan et ne sachant pas lire, garda les pourceaux avant de devenir un grand pape, et parce qu'au dix-huitième un autre enfant ignorant fut laquais à seize ans, vingt ans avant d'être un grand écrivain. Ces jeunes gens, doux et graves, que nous voyons chaque jour autour de nous, sauront bien répondre à ces étranges conseillers : « Pourquoi donc nos deux révolutions, si l'on écrit encore de telles choses ? Vous voulez nous corrompre le cœur et nous amener au mépris de nous-mêmes en confondant tout et en troublant notre esprit. Sans doute ils étaient courbés bien bas ceux à qui nous dressons des statues, mais ils pouvaient encore se consoler en voyant que tout était désordre et injustes humiliations autour d'eux et dans leurs siècles encore barbares. Quand l'homme de guerre vivait de pillages et vendait son sang au plus offrant, quand tous les habitants d'une capitale, rangés à coups de bâton et tenant une torche de chaque main, servaient de candélabres aux danses lascives d'un roi à demi fou, quand il n'y avait que des valets et des maîtres et rarement un citoyen, l'homme de lettres, qui n'était bon qu'à divertir et n'instruisait qu'à la dérobée et sans avoir l'air d'y prétendre, pouvait bien être aux gages d'un financier et lui écrire : *J'ai l'honneur de vous appartenir*. Mais aujourd'hui, s'il est vrai que tout travailleur soit traité selon le but de ses œuvres, et que ses droits à une vie indépendante et respectée soient consacrés par des institutions achetées assez cher, du plus pur de notre sang, gardez-vous de nous conseiller de prendre notre parti du dédain, sous prétexte de nous donner de l'énergie. Si nos œuvres, faites avec tant de travaux douloureux, sont mauvaises, ou si, étant bonnes, elles tardent à être appréciées, nous saurons nous taire et en faire d'autres. Si nous ne pouvons vivre ainsi, nous vivrons à notre manière, et, sans abaissement honteux, nous serons soldats volontaires à Alger ou ouvriers à Paris, quoique tout énervés par les effrayants labeurs du cerveau. Quand nous serons malades, on nous portera à l'hôpital comme Hégésippe Moreau, et nous y mourrons en silence près des sœurs de charité, mais nous aurons protesté et déclaré nos droits à une vie *décente et honorée*, ce premier besoin de tout homme de notre temps dont l'esprit est éclairé, par une éducation libérale et un travail assidu : *Labor improbus.* »

Si des paroles d'un simple bon sens ne répondaient ainsi quelquefois à des paradoxes injurieux, répétés à dessein, ceux d'entre vous, messieurs, qui sont le plus en garde contre certaines feuilles, pourraient croire que les hommes de lettres en sont venus à faire trop bon marché des lettres et d'eux-mêmes, et à se laisser classer trop bas ; jamais on n'aurait une idée vraie de ce que mérite d'estime cette grande république des lettres. Autorisés par leur propre exemple, vous vous fortifieriez dans l'habitude déjà trop reçue parmi vous de traiter légèrement toute question d'art ; vous oublieriez entièrement ce que méritent d'égards ces hommes qui possèdent *le seul talent incontestable dont le ciel ait fait présent à la terre*, et de qui Platon, vous vous en souvenez, a dit : « Le poète est un être ailé et sacré. Il est incapable de chanter avant que le délire de l'enthousiasme arrive. Il a une force divine qui le transporte, semblable à celle de la pierre magnétique. Une longue chaîne d'anneaux de fer suspendus les uns aux autres empruntent leur vertu de cette pierre. Le poète emprunte la sienne à la muse et la communique à l'acteur. » - Et si vous entrez attentivement dans l'examen des disproportions qui existent aujourd'hui entre cette condition et les autres ; convaincus qu'elle est demeurée seule en arrière dans le progrès général du bien-être, vous ne permettrez plus qu'on pousse trop loin, en votre nom, ces recherches inquisitoriales qui, pour dépister quelques intrigants, forcent de savants et nobles vieillards à expliquer publiquement comment et pourquoi ils reçoivent de notre riche nation le plus misérable secours, le plus pauvre et frêle bâton de vieillesse, auquel ils ont droit aussi bien que le magistrat, l'homme de guerre et l'administrateur. Vous voudrez donner suite, avant peu, à ce projet que la chambre des pairs a déjà discuté, et dont j'ai voulu parler ici après vous avoir donné, par l'histoire de Mlle Sédaine, le plus triste exemple de l'insuffisance de nos lois sur l'héritage littéraire. Le sentiment qui a dominé dans la chambre haute, lors de cette discussion, fut sans doute le désir de donner à la vie privée des auteurs, et à celle de leur famille après eux, une attitude décente, indépendante, et en accord avec le degré d'éclat que répand leur renommée sur leur nom, et enfin d'ôter à l'existence de l'homme de lettres, dans ses rapports avec les conditions stables, ce je ne sais quoi d'aventureux et de bohémien si indigne de lui. Il est donc important de se rappeler ce qui fut dit dans cette journée. Cela pourra se réduire à peu de mots.

IV. LA LOI.

Le 23 mai 1839, par un généreux mouvement, M. Portalis proposa d'étendre à cinquante années, après la mort de l'auteur le droit de propriété de ses œuvres, reculant ainsi de la moitié d'un siècle le moment où le domaine public s'empare de cette propriété, aussi sacrée que toute autre, tandis qu'on n'en voit aucune subir le même sort. Cette proposition fut combattue et, par l'article 2 du projet, la propriété des héritiers réduite à trente ans. La pensée des adversaires de la proposition pouvait sembler juste dans les idées actuellement reçues et selon la loi encore en vigueur ; ils disaient que la gloire même « des écrivains célèbres pourrait souffrir d'être un demi-siècle séquestrée entre les mains d'une famille jalouse, et dont les divisions pouvaient priver la France de l'œuvre disputée ; que les éditions ne pourraient ainsi se multiplier assez au gré des besoins et des caprices du pays, et que, le public n'ayant pas d'avocat dans cette grande cause, il était juste de lui donner aussi des défenseurs. »

La cause est grande en effet pour le pays, puisqu'il s'agit la fois de son intelligence et de sa gloire. Aussi les partisans du projet le soutinrent, quoique assez faiblement, en mettant en avant la généreuse insouciance des hommes de lettres, « qui les rend trop dédaigneux, dirent-ils, de leurs intérêts matériels, et incapables de pourvoir, par de sages mesures, à l'avenir de leurs héritiers ; » et n'osant pas pousser trop loin la frontière de la propriété héréditaire, de peur d'entamer les terres du domaine public, laissèrent prévaloir les trente années Un orateur sortit de la question pour exalter les œuvres des sciences mécaniques et le génie porté dans les perfectionnements utiles des machines à vapeur, oubliant qu'une fois la machine créée, les hommes vulgaires s'enrichissent par son application sans le moindre mérite, qu'il ne faut qu'une invention pour cent mille industries, tandis qu'il faut une invention par œuvre dans les lettres ; la chambre enfin s'arrêta encore dans le vague et le provisoire, car il n'y a aucun esprit attentif qui ne doive se demander pourquoi la troisième génération des descendants de tel écrivain célèbre serait expropriée plutôt que la première et la seconde. Aussi, dans un pressentiment de cette injustice, un orateur de la haute chambre éleva la voix pour donner en garde les familles dépossédées ainsi par la loi à la générosité du gouvernement.

Certes, messieurs, le sort actuel de Mlle Sédaine peut vous faire voir que dans les reproches que vous faites quelquefois au gouvernement, les folles dépenses sur ce point ne sauraient être comprises, et vous verrez bientôt, par une dernière note, combien au contraire ils méritent d'éloges de votre part pour leur économie exemplaire. Mais aussi, plus elle est grande, moins il serait sûr, vous en conviendrez, de leur léguer trop de veuves et d'orphelins sur parole.

Une chose a pu vous frapper dans cette discussion de la chambre des pairs, c'est qu'elle fut inattentive et n'atteignit pas toute la profondeur du sujet. Tout le monde y parut vouloir rester à côté de la question, et personne ne pensa à remettre la chambre dans la voie de l'idée vraie, non assurément que les grands talents et les nobles cœurs aient manqué parmi les orateurs, mais le temps sans doute pour étudier la matière, et aussi, on l'entrevoit, le courage d'avouer que l'on prenait, en face de la nation, une part entière, personnelle, vigoureuse, à une question d'art et de littérature. Vous verrez encore, je le crains, la même pudeur, un peu gênée, d'ailleurs, dans votre enceinte ; car, le moment venu, on craint d'insister, les plus lettrés se montrent les plus timides, je ne sais pourquoi ; un scrupule les prend, à leur insu, de ne plus se faire voir peut-être assez hommes d'état, de toucher à leur propre cause et de tenir trop aux œuvres d'imagination, non qu'ils ne sachent bien que ce sont là les premières et les plus sérieuses sous une forme passionnée, mais ils désespèrent de le persuader, n'en osent prendre la défense, et la loi va son train et règne sans obstacle, étouffant des noms et des familles, décourageant et détournant des vocations précieuses.

La question n'était point, je pense, de retarder de trente, de cinquante, ou même de cent ans, le moment où l'œuvre littéraire tomberait fatalement dans le gouffre du domaine publie, et de dérober ainsi, au profit de la famille, ces lambeaux de propriété conquis à grand' peine sur la propriété universelle ; il ne s'agissait point de prendre parti, comme on l'a fait, pour la Nation contre la Famille, ou pour la Famille contre la Nation, mais il fallait trouver un moyen d'accorder le droit des héritiers avec le droit de la société. Or, dans cette discussion, messieurs les pairs n'ont fait autre chose que pousser tour à tour un peu en avant ou un peu en arrière la borne qui sépare les biens de la Famille de ceux de la Nation.. Dans ce ballottage, les avocats des deux parties eurent évidemment raison, à mon sens.

Il serait juste, en effet, de dire que l'idée et sa forme appartiennent à celui qui les a conçues, et que si la propriété en a été reconnue appartenir à ses héritiers, on ne sait pas pourquoi la quatrième génération serait expropriée plutôt que la première. Mais il serait tout aussi juste d'ajouter que l'auteur, n'ayant conçu ses œuvres que pour en faire don aux hommes qui les acceptent et donnent en échange leur admiration et leurs deniers, il est bon que la propriété soit partagée entre la famille et la nation, et ce partage est facile à faire. Le pays doit déclarer que : « l'auteur ayant cessé de vivre, *la propriété littéraire* est abolie. Qu'à dater de ce jour, tous les théâtres pourront représenter les œuvres dramatiques aussi souvent qu'il leur conviendra, sans que les héritiers ou cessionnaires puissent retirer l'œuvre, en suspendre les représentations ou en empêcher l'impression ; mais qu'ils percevront un droit égal à celui que recevrait l'auteur vivant. Que les éditeurs auront tous le droit, aussi à dater de la mort de l'auteur, de publier autant d'éditions d'un livre qu'il leur conviendra d'en imprimer, moyennant un droit par exemplaire, proportionné au prix du format et à ses frais d'impression. »

Tout ainsi ne serait-il pas prévu ? La justice ne serait-elle pas satisfaite ainsi ? Le pays a souvent eu à se plaindre des longues interruptions que des difficultés de famille causaient dans certaines publications. On cite des mémoires célèbres et volumineux[1] qui n'ont pu être réimprimés pendant sept ans, des livres d'utilité pratique et d'instruction élémentaire qui ne peuvent[2] l'être encore pour cette raison. Le tort est réel, la nation a droit de se plaindre. Il est arrivé aussi que les héritiers d'un écrivain célèbre ont vendu à telle famille, blessée par des mémoires, l'anéantissement du livre. Ici encore la postérité est offensée, et nous devons prévenir ces corruptions. Cette esquisse imparfaite d'un projet de loi aurait encore l'avantage, aux yeux de l'équité la plus scrupuleuse, que le revenu des héritiers serait géométriquement proportionné au succès du livre et du drame. Il y a des soirs où un héritier de Molière recevrait mille francs ; il y a telle année où un neveu de Pascal, de Fénelon, de Montaigne., recevrait vingt mille francs, tandis que ceux de Campistron et de Laclos seraient forcés, à notre louange, pour vivre de leur héritage, d'attendre le retour du mauvais goût et des mauvaises mœurs. Tout serait donc conclu de part et d'autre avec une exacte probité ; on n'aurait rien à se reprocher de poète à nation, ni de parents à peuple ; la bourse de l'esprit aurait ses hausses et ses baisses ; les degrés des droits seraient mesurés à ceux de l'estime générale et au baromètre du goût public ; d'un côté, on aurait du pain, et de l'autre de nobles plaisirs. Les Chatterton et les Gilbert ne se tueraient plus, et les enfants de Corneille et de Sédaine vivraient dans l'aisance.

V. DU MOT CARRIÈRE DES LETTRES.

Lorsque l'on considère combien il est difficile de faire reconnaître et consacrer par des lois ces droits que tout notre code accorde aux autres propriétés héréditaires ou acquises, dans sa lassitude et son étonnement, on est forcé de regarder comme un coupable et un corrupteur le premier qui a prononcé le mot de : Carrière des lettres.

Sur ce mot vide de sens se sont embarqués, pour faire naufrage dans la mer perfide de la publicité, des milliers de jeunes gens dont le cœur généreux était déçu par un espoir chimérique et les yeux fascinés par je ne sais quel phare toujours errant. Comparant

---
1 Les *Mémoires* de Saint-Simon.
2 La *Tenue des Livres*, par Desgranges.

cette carrière aux autres : il leur semblait y voir aussi une élévation successive, de grade en grade, jusqu'à un rang pareil à une sorte de pairie. Mais ils n'ont pas assez aperçu les différences profondes des autres professions à celle-ci. Partout le temps de service est un titre, et on ne demande à l'officier dans son régiment ou sur son vaisseau, au diplomate dans les chancelleries, à l'employé dans son administration, que sa présence assidue et des travaux monotones et constants, d'où il ne peut sortir que par de rares rencontres une action d'éclat ou une négociation habile ; travaux qui, dans leur régularité, amènent presque à jour fixe un avancement immanquable. Mais la vie de l'homme de lettres tient malheureusement par l'inégalité de ses chances à celles du joueur et de l'ouvrier.

Les lettres et les arts ont cela de fatal que la position n'y est jamais conquise définitivement, et c'est ce qui doit nous rendre modestes après nos combats les plus heureux. Le nom de chaque auteur est remis en loterie à chaque nouvel écrit et secoué, tiré pêle-mêle avec les plus indignes. L'art du théâtre est le plus insulté de tous. On pourrait contester au public le droit d'être si léger, mais enfin il le prend, et tous les jours on cherche à le rendre plus dédaigneux des œuvres d'imagination au lieu de lui en faire comprendre les immenses difficultés. Chaque production est un début pour les poètes et les écrivains les plus célèbres. L'ingratitude du publie est inexorable et féroce. A peine a-t-il applaudi une œuvre qu'il s'enquiert de celle qui va suivre, la regarde d'avance et la toise. Si elle ne réussit pas, le passé est rayé, l'homme brisé comme un enfant et foulé aux pieds, eût-il précédemment entassé vingt couronnes sur son front ; ainsi est tombé devant nous Gros, le grand peintre, malgré son Iliade immortelle. C'est que, disposé par ceux qui le dirigent à une défiance insultante contre toute imagination inventive, l'affamé public marche derrière nous, comme ces bêtes fauves du désert qui baissent la tête devant l'homme debout, et qui, s'il bronche et tombe, s'élancent sur lui pour le dévorer.

Ce n'est qu'après la mort que tout est remis à sa place et que l'on pardonne des *Scythes*, des *Guèbres*, des *Agésilas* et des *Paradis reconquis*. Mais la *carrière* n'existe pas. *L'ouvrier en livres*, comme je l'ai nommé, tout glorieux qu'il doit être après la vie, ne marche que d'escalade en escalade, et son repos est perdu quand il a tenté le passage d'une barrière qu'il n'a pu franchir. Il est donc aussi faux de dire : *Carrière des lettres*, qu'il le serait de dire : *Carrière de l'imagination* ; il n'y a que des fantaisies immortelles inspirées à de rares intervalles.

Il ne dépend point assurément des corps législatifs de changer rien à cette loterie, qui tient à notre nature même, à cet *ostracisme perpétuel* dont j'ai parlé ailleurs, à la manière dont se fait trop souvent la critique, à la versatilité de nos goûts et de nos opinions ; mais il dépend d'eux de donner aux travailleurs de la pensée la consolation de voir constituer du moins la propriété des œuvres enfantées par d'honorables labeurs. On le voit par l'exemple que j'ai pris ici pour texte de mes inutiles discours, si Sédaine fût resté *maçon pour vivre et poète pour rire*, ainsi qu'il le disait au directeur de l'Opéra-Comique, comme il avait eu aussi de grands succès dans ce premier métier, meilleur que l'autre, il eût facilement laissé plusieurs maisons et quelque grand hôtel à sa fille ; elle y pourrait faire jouer des comédies où ceux qu'elle a dû solliciter désireraient aujourd'hui une invitation, et ni les larmes ni les fatigues d'une pareille vie ne lui auraient ôté la vue du ciel. Mais, Sédaine ayant été *poète pour vivre et maçon pour rire*, il était nécessaire que ses enfants vécussent pour souffrir ; je dis ses enfants, car Mlle Sédaine a un frère plus malheureux qu'elle encore et aussi courageux.

Une circonstance curieuse achèvera le tableau de cette pénible vieillesse. Mlle Sédaine a présenté un mémoire, il y a huit ans, pour demander le rétablissement de sa pension de douze cents francs (sa seule ambition), et ce mémoire fut apostillé de MM. de Lamartine, Salverte, Dupin, Pagès, Étienne, Bignon, Viennet, Clément, de Vendeuil, Royer-Collard, de Salvandy, Duchâtel, Guizot et Thiers. Plusieurs de ces messieurs, depuis cette époque, ont été de temps en temps ministres, et n'ont pas eu, ce me semble, les égards que tout le monde en France aurait pour leurs noms propres, car enfin, chacun d'eux a retrouvé, sans en faire grand cas, la pétition qu'il s'était présentée à lui-même, a lu sa signature de protecteur sur sa table de ministre, et l'a dédaignée. — Ah ! messieurs, quand on devient roi de France, il est beau certainement de répondre : Je ne me souviens plus des injures faites au duc d'Orléans ; mais il serait encore mieux de dire : Je me souviens des demandes du duc d'Orléans.

ISBN : 978-1985292321

www.ingramcontent.com/pod-product-compliance
Lightning Source LLC
Chambersburg PA
CBHW070955220526
45471CB00007B/3035